项南的故事

张永和　项建坤　著

中共党史出版社

图书在版编目(CIP)数据

项南的故事/张永和,项建坤著. —北京:中共党史出版社,2014.10

ISBN 978-7-5098-2749-9

Ⅰ.①项… Ⅱ.①张… ②项… Ⅲ.①故事—作品集—中国
Ⅳ.①I247.8

中国版本图书馆 CIP 数据核字(2014)第 177559 号

出版发行:中共党史出版社
责任编辑:贾京玉
复　　审:陈海平
终　　审:汪晓军
责任校对:龚秀华
责任印制:谷智宇
责任监制:贺冬英
社　　址:北京市海淀区芙蓉里南街6号院1号楼
邮　　编:100080
网　　址:www.dscbs.com
经　　销:新华书店
印　　刷:北京汇林印务有限公司
开　　本:145mm×210mm　1/32
字　　数:64 千字
印　　张:4
印　　数:1—5000 册
版　　次:2014 年 10 月第 1 版
印　　次:2014 年 10 月第 1 次印刷

ISBN 978-7-5098-2749-9

定　　价:12.00 元

此书如有印制质量问题,请与中共党史出版社出版业务部联系
电话:010—82517197

项南生平

项南，中国共产党的优秀党员，久经考验的忠诚的共产主义战士，原中共中央顾问委员会委员、中共福建省委原第一书记兼省军区第一政委。

1918年11月出生于福建省连城县朋口镇。从小受革命家庭的熏陶和中央苏区环境的影响，11岁就在福建连城文坊苏区任少年先锋队队长。1930年起，随做地下工作的父母先后在南京和上海半工半读。1937年抗日战争爆发后，在党组织的领导下，他同一些进步青年在福建长乐县组织“明天剧咏团”，进行抗日宣传工作。1938年由福建省委宣传部部长王助同志介绍入党，同年10月在顺昌县发起组织“顺昌抗敌剧团”并任团长。1939年1月在闽清县政府任战时民教工作队队长。1939年10月先后任广西桂林苗圃主任、青年科学技术人员协进会理事、成达师范教员。1941年3月，他由香港经上海，几经辗转，于同年6月到达苏北盐城新四军军部。1942年至 1945年先后任阜东县政府秘书，阜东九区区委书记，阜东县委宣传部部长，苏北第五分区专员公署建设处处长等职。1947年至1950年先后任苏北第十一分区专员公署财经处处长，东南县委副书记兼东南县支队政委，青年团皖北区工委副书记、青委书记等职。

1951年任青年团安徽省委书记、安徽大学党委书记。1952年任青年团华东工委第二副书记。1954年被选为第一届全国人大代表。1955年任共青团中央宣传部部长。1956年当选党的八大代表。1957年任团中央书记处书记。 1961年调任八机部办公厅副主任，后任农机局局长。“文化大革命”中遭受迫害。1970年5月恢复工作后，他历任一机部农机局局长，一机部党的核心小组成员、副部长。1979年2月任农机部副部长、党组副书记，当选为第五届全国人大代表。

1980年调福建省工作，历任中共福建省委常务书记、福建省五届人大常委会主任、中共福建省第一书记兼省军区第一政委、中共福建省委书记，并当选为第六届全国人大代表和第十二届中央委员。1987年退居二线以后，仍积极投身于扶贫济困、职业教育和老区建设事业。1989年后担任中国扶贫基金会会长、中华职业教育社副理事长、中国老区建设促进会和中华炎黄文化研究会顾问、中国扶贫基金会首席顾问等职。党的十三次全国代表大会上，当选为中央顾问委员会委员，1992年被选为党的十四大代表，1997年列席了党的十五大。

在半个多世纪的革命生涯中，他忠诚党的事业，忠于人民。他一生坎坷，但无论是在残酷的对敌斗争中，还是在受到不公正待遇和“文化大革命”冲击时，他都始终矢志不移，始终信仰马列主义、毛泽东思想，坚信党的领导，顾全大局。他一生坚持真理，为人坦率正直，光明磊落，清正廉洁，以身作则，宽容大度，生活节俭朴素，不搞特殊，严格要求子女和亲属，处处表现出一名共产党员高风亮节和道德风范，始终保持着人民公仆的本色。

1997年11月10日22时30分，因心脏病突发，抢救无效，在北京逝世。

内容介绍

《项南的故事》内容短小精悍，言简意赅，精彩论述了20世纪80年代初，项南同志主政福建省工作，身体力行，深入贯彻落实党的十一届三中全会精神，深入调查研究，发现新情况，解决新问题，团结省委、省政府一班人，深化改革，扩大开放，开创八闽工作新局面，被誉为促进经济腾飞、社会巨变的改革先行者的真实、感人的故事。

项南一家是革命之家。其父项与年是闽西最早的共产党员之一，周恩来同志赞扬他是我党我军杰出的情报干将；母亲是老接头户；叔叔早年参加红军，后壮烈牺牲。项南12岁当上红色少先队队长，青年献身抗日战争和解放战争。新中国成立后历任团中央宣传部部长、团中央书记处书记、福建省委书记和中国扶贫基金会会长等职。他在“反右倾”和

“文革”中，两次跌入低谷，仍一身正气，两袖清风，深谋远虑，坚持真理，兢兢业业为党工作，为福建的改革开放和跨越发展闯开一条新路。

主政福建的项南，在政治上、思想上与党中央保持高度一致。走马上任时，正是春耕时节。“一年之计在于春”，他冲破阻力，坚决贯彻中央农业生产责任制，把“大包干”迅速推向全省各地。他全力以赴加强全省基础设施建设，把兴建厦门国际机场列为主政要务之一。当时，有人笑他“异想天开”，但他以“过关斩将”的勇气和智慧，仅一年多就神速在海峡西岸建起现代化的国际机场，“异想”果然“天开”，为福建飞向世界打开了通道。紧接着，项南积极支持省邮电局引进一套先进的日本富士通公司程控电话设备，在全国首家开通了万门程控电话系统，直拨国际电话时间仅需20秒，这在海内外传为佳话。项南在战略思考和制订规划中，总是勇争第一，瞄准最大的干，干就干好，干出最佳成效。位于闽江流域装机容量突破140万千瓦的水口水电站，就是项南在调研中决策上马的，成为华东最大的水电站，被誉为“勇夺华东之首”。

项南大力支持国有企业改革，“请给我们‘松绑’”，这一重大举措，又走在全国前面。他狠抓“筑巢引凤”，招商引资成果喜人。他建议把厦门特区从2.5平方公里扩大到全岛，得到邓小平同志的首肯。他首倡发展乡镇企业，誉为“福建的一枝花”，《人民日报》发表短评加以推广。他大唱“山海经”，开发山海资源，让荒山变成绿洲。

难能可贵的是，项南具有高超的领导艺术。在繁忙的工作中，抽空写短评论、短新闻，运用党报指导全局工作。他写的只有142字的短评论《这样的案件为什么长期处理不下去？》，被评为全国新闻战线评论一等奖。他善于“弹钢琴”，重视侨台工作，智出《胡文虎》，智修妈祖庙，创新干部交流，为扶贫和农机化做出特殊贡献。

项南数十年如一日，廉洁奉公，光明磊落，大公无私，工作作风踏实，心中想着群众，敢于说出真话，堪称一介不取，深为广大干部群众和台胞侨胞海外华人所敬仰。正如习近平同志指出：“项南同志给我们留下了宝贵的精神财富，也为我们留下了一位共产党人、一位人民公仆的真实榜样。”（引自习近平《长者风范，公仆榜样》）

目录

“异想”果然“天开”

项南主政福建，全力以赴加强全省基础设施建设，把厦门国际机场建设列为要务之一。这时，有人笑项公“异想天开”。因为新加坡机场建设花去20亿美元，而当时福建全省每年财政收入才16亿元（折合当时美元才2亿元），到哪里去要钱建机场？

但项南就是这样的犟脾气，他认准的事一定要办到底。于是，他多次带着省委副书记、省长、副省长等一批人马到北京游说，多方寻求支持，申请机场项目立项。经多方讨论，听取各方意见，终于取得修建机场的准建证。

比较“钱”的问题，实际上当时更困难的是不可能在厦门建机场，也就是说，在当时国共两党对峙的政治大环境下，在别的地方修机场可以，在厦门修机场，则是“禁区”，是不允许的，尤其军方那里通不过。这才是真正的天方夜谭。

但是项南从来就不是一个见了困难绕着走的人。他亲自到北京多方游说，既包括上级，也包括计划部门，苦口婆心解释为什么要在厦门修机场——改革开放，首要的问题是没有钱，因此需要引进外资、侨资，可当时的厦门偏于东南一隅，整个福建只有一条鹰厦铁路与外界相连，北京到福州的火车要开44个小时，进趟福建要走过千山万水。没有机场，没有通讯这些基础设施，对于投资者来说就没有吸引力，何谈改革开放？他有理有据的游说说服了有关部门，也说服了一些开始想不通的领导，唯独军方牙关紧闭不松口。军方的理由也很硬：厦门是前线，天天和金门对着打炮，修机场，被金门打掉了怎么办？谁负责？项南充分体现了他的政治智慧，他说："不错，厦门对面是金门，但厦门是前线，金门也是前线，为什么人家就不怕炮打？人家一直在建设，我们却因为怕挨打不敢建设？哪有金门不怕厦门，厦门却怕金门的道理？"一席话，说得对方哑口无言，终于，军方也不得不松了口。厦门高崎国际机场就是在改革开放最初的艰难情境下，硬是撕开一条口子，这样启动的。

有了准建证，机场还是建不起来，到哪里去要钱呢？项南又来个"异想天开"，利用外资，向外国借钱。这在我国又是"少见多怪"的奇事。嘲笑声、谩骂声更大了，上纲上线批成"向资本主义乞讨"、"用资本主义的钱，建资本主义的机场"。

◆1983年10月23日，厦门国际机场落成。这是中国第一个引进外资兴建的机场。项南（右三）与全国人大常委会副委员长叶飞（左三）、福州军区司令员杨成武（左二）一起为厦门国际机场落成剪彩。

几经周折，项南顶住了。经过一番努力，由张遗副省长率团赴科威特的出国报告，始获批准。终于争取到2200万美元贷款，而且是在当时六个中国项目中第一个得到的“引进外资”贷款。

项南为了节省用钱，一个钱掰开当两个钱用。他赴京找到民航总局局长沈图，将机场设计任务交民航总局设计研究所完成。尽管困难重重，在省委、省政府全力支持下，1982年1月动工，1983年5月竣工，厦门国际机场建设速度神速，“异想”果然“天开”。一流国际机场，仅一年就屹立在海峡西岸的厦门高崎。

福州首开程控

厦门国际机场奇迹般落成，为福建飞向世界打开了通道。但通讯设备落后，成为与“国际接轨”的又一大障碍。当时福州使用的还是20世纪50年代的“老把式”第一代通讯交换设备，而国际上已采用第四代。当时要打通长途电话不仅时间慢，而且声音模糊不清，时断时续，连省委书记往北京打一个电话也要通过总机等上很久，是今天的人们所无法想象的。项南积极支持省邮电局引进一套先进的万门程控电话，最终决定采用日本富士通公司FETEX-150型程控电话交换机。

这一大胆的举措，意味着连跨四代，即从第一代跨越到第四代。说怪话的又跳出来了：

“吹牛，天下哪有这样跨越的！”

“一代跳到四代，不跳死才见怪！”

项南深入到省邮电局调研，引导他们解放思想，不要按部就班，从实际出发，从一代跨越到四代，来个飞跃。项南提出“以智取胜”的战略。他指出，当今世界，人才是关键，有了人才，就有了一切，没有会变有，不可能的就有可能。于是，省邮电局派出一批工程技术人员到日本富士通公司学习，从技术上先引进。考虑到当时引进这套万门程控价格较低，经项南提议，省委、省政府研究，拍板成交。

1982年11月，继厦门国际机场起飞，又一“异想天开”的大事在神州传颂，福州在全国首家开通了万门程控电话系统，在国际间传为佳话，直拨国际电话时间仅需20秒，项南给时任国务院总理赵紫阳打电话，声音清晰明亮，以至赵紫阳以为项南到了北京，问：“项南同志，你到北京了？”项南说：“我在福州。”赵紫阳惊奇不已。福建在改革开放中又创造了一个新的神话。

◆项南（左二）陪同国务院副总理谷牧（左四）视察中国最早的中外合资企业之一——福日电视机公司。

坚决听从中央

主政福建的项南，坚决听从中央，十分注意宣传贯彻中央指示精神，在思想上、政治上、工作上与中央保持高度一致。

1981年1月23日，到闽上任第9天的项南，开始了他为期7天的“闽南行”。调研中，项南认识到贯彻落实中央“农业生产责任制”政策已迫在眉睫——春耕在即，召集各地干部到省城福州开会已经来不及。项南提议福建省委、省政府联合召开全省电话会议，各地、市、县负责人都在当地参加会议。

就在全省电话会议上，一位地委书记向项南发难：“过去第一书记说不能搞包产到户，现在又说要大力推广包产到户，我们到底是听第一书记的，还是听常务书记的？”

项南不动声色地回答：“你们既不要听第一书记的，也不要听常务书记的，要听从中央的。”

电话会议结束后，农民积压已久的生产积极性被调动起来，劳动工效大大提高，春耕进度飞速上升。

当时，邓小平明确表态肯定小岗村大包干经验，中央关于实施农业生产责任制的文件指出，“可以、可以……”也可以大包干，即“可以按定额记分，可以按时记分加评议，也可以在生产队统一核算和分配前提下，包工到作业组，联系产量计算劳动报酬，实行超产奖励。”

春耕火烧眉睫，全省农民都在翘首企盼，希望能赶快落实责任制，实行大包干，像小岗村那样，一包到底。项南快刀斩乱麻，坚决执行中央的决定，把大包干迅速在全省推开，当年就夺得粮食生产大丰收。原先给大包干算的“命”是：“一年增，二年平，三年就不行。”经实践检验，大包干的“命”转变为：“一年增，二年富，三年迈大步！”

◆1981年，项南召集地市委干部座谈会，推广联产承包责任制，很快打开了农村改革新局面。

河田变成绿洲

20世纪80年代初，项南主政八闽，在闽西调研中，发现水土流失“冠军”的长汀县河田镇“晴三日，闹旱灾；雨三天，闹水灾；山光秃，水浊浊；田裂龟，无收成；人穷困，林荒废”。其中河田、三洲一带水土流失面积达107万亩，占全县总土地面积的23%。据说，河田原名留镇、柳村，但因水土流失后改成河田。全镇40万亩山地中，水土流失面积高达23万亩，占山地面积53%。出现乱砍滥伐、纵火烧山，森林资源遭受严重破坏，最终导致生态恶性循环，洪水泛滥，致使河与田连成一片，形成“河比田高，柳村无柳”。从此，充满诗情画意的柳村被人忘却，代之以“河田”这水土流失的地名，还有朱溪、赤岭、光头、露湖、黄沙等令人心酸的地名。

项南在调研中，听到这些出自百姓之口的真实故事，下决心对河田进行水土流失的专项治理。他登门拜访福建农学院院长、林业专家李来荣教授，在水土流失区引进澳大利亚生长快、蓄水性强的“金合欢”树，大面积种植。他还亲笔创作朗朗上口的《水土保持三字经》，在河田广为流传，并一一落实在行动上：“责任制，最重要；严封山，要做到；多种树，密植好；薪森林，乔灌草。防为主，治抓早；讲法治，不可少；搞工程，讲实效；小水电，建设好；办沼气，电饭煲；省柴灶，推广好；穷变富，水土保；三字经，永记牢！”

项南知道，柴米油盐酱醋茶——百姓开门七件事，“柴”字首当其冲。他采取措施解决好百姓烧柴问题，封山育林即大见成效。如今，昔日沙滩，又变成绿洲，河田成为治理水土流失冠军！

◆在河田视察水土保持

开发山海资源

一贯从实际出发的项南，主政福建一大举措，就是从“八山一水一分田”的实际出发，创造性地提出大念“山海经”的理念，并脚踏实地实践，全省广大农村和沿海迅速掀起开发山海资源的热潮。

漳浦县委原本就在悄悄做山与海的文章，得知项公提出“念好山海经”，立即果断地鼓励农民开发荒山，大种荔枝、杨梅、香蕉等水果和花卉，利用浅海滩搞海产养殖。项南亲临漳浦督导，将花果基地命名为“漳浦花果中心”，题写红联：“念好山海经，黄土变成金。”以点带面，推动全省开发山海资源，壮大农村经济，提高农民收入。

漳平县永福镇，早在南宋就是南国著名花乡。但在“文化大革命”中，种花被批为姓“资”名“修”，一度出现大砍花果的极左妖风。项南亲自深入花乡调研，号召广大花农“念好山海经”。年轻花农傅东明、陈子望、李振锋等一马当先，冲破“资”、“修”障碍，大种祖传花果，并在全国率先成立“永福花果联合公司”，名花远销上海、广州、南京和台港澳等地，出现上千家“万元户”。尔后，大举引领台湾农民种花种茶叶，创立国家级台湾农民创业园。他们生产的“高山茶”畅销海内外，“樱花园”成为闽西南旅游观赏中心。

“念好山海经”，成为福建农业和渔业发展的支柱产业，茶叶、水果、水产品等农村渔产品，在20世纪90年代人均产量居全国首位；林业总产值443亿元，全省森林覆盖率达60%，居全国第一。项南审时度势提出建立林业、海洋、经济作物、畜牧业、轻工业、外贸、科教、统一祖国等8个基地，为福建今后大发展奠定坚实基础。

◆1981年，项南下基层考察漳浦对虾养殖基地。与干部群众共商开发“山海经”。

八闽养鳗传奇

项南主政福建，从实际出发，提出大念“山海经”，作为振兴八闽经济的重大举措。他倡导规划的“八大基地”，渔业是其中主旋律。他轻车简从，召集农业和水产部门负责人和技术骨干，共坐一部旅行车，进行了20多天的实地调研。在第一次的福厦公路行程中，大家经过反复实地研讨，确定以“涵江养鳗场”为基点，大兴养鳗业，为福建渔业发展闯开了一条新路。

“涵江养鳗场”是1979年福建省粮油食品进出口公司与日本三正贸易公司以补偿贸易形式建立起来的小场。鳗鱼是一种在河川中生长，深海里产卵，孵化出鳗鱼苗后再漂游回河川的降海洄游性鱼类。奇怪的是，当时中国国内还没有养鳗业，认为在河川和渔塘里不能养鳗。而日本养鳗业很兴旺，已有100多年的历史。

项南深入基层调研，仿佛成了一位养鳗专家。他从当地一个叫“鳗巷”的地名，断定中国特别是福建养鳗史比日本还要长。项南说，地名是活化石，印证了许多历史典故。果然，当地群众说，“鳗巷”是涵江镇一条与河川并行的小街，春季随便在河里一捞，就能捞到几条鳗鱼。因河里的鳗鱼特别多又肥大，这条街自古以来就被叫作“鳗巷”。这一发现，引发大家兴趣盎然的议论，打破了中国河川渔塘不能养鳗的论断。省委书记与专家和群众共同作出决策，把“鳗巷”这个鳗鱼得天独厚繁殖生长的地方作为实验基地，大力发展高效益、高质量的养鳗产业。

项南给大家算了几笔账，一亩地只能产几百斤稻谷和千把斤地瓜，如果建塘养鳗鱼，产值即可高达几万甚至十几万元，农民有了这一支柱产业和拳头产品，很快就会脱贫致富，同时又增加了我省出口创汇门路。一举多得，何乐不为！

这几笔账一算，对人们僵化的思想形成巨大触动。大家很快想开，解放思想，实事求是，也就水到渠成，顺理成章。对于世世代代“背负青天，面朝黄土”的农民来说，把种水稻、地瓜的耕地改为养鳗鱼塘，那真是“鲤鱼跳龙门”的巨变呀。

接着，在项南的支持下，集中各路专家，攻克了孵化、养殖和饲料关。别小看这平常并不高深的养鳗技术，当时外方极为保密，千方百计要掐你的脖子，叫你开挖的养鳗鱼塘养不出鳗鱼来。项南告诉大家一定要“以智取胜”，

◆早在20世纪80年代，项南就提出了以“改革开放、发展经济，促进建设社会主义新农村”的思路，项南为福建新农村建设题词。

大家动脑筋，想办法，过五关，斩六将，这几个关卡也闯过去了。

更大的难题是资金，因为高效益必然高投入，对贫困的农民来说，这一张张钞票才是最大掣肘呢！项南眉头一皱，计上心来，他抛出金点子，借钱！他组织向世界银行贷款2亿美元（当时相当于16亿人民币），分配给鳗鱼业是4000万美元（当时相当于3.2亿元人民币）。这可是个“天文数字”啊！

历经多年努力，原先“不能养鳗”的福建，养鳗业迅速崛起，成为全省创汇支柱产业。单福清市鳗鱼年产就达208万吨，全市财政收入一半来自于养鳗业。在出口创汇最多的年景，全省单一项鳗鱼年创汇6亿多美元。而养鳗农民的收入更是成倍增长，个个几乎都成为富翁。项南就这样，从“鳗巷”地名活化石“考古”，“考”出了一部流芳世纪的八闽养鳗传奇。

保密慎之又慎

项南主政福建，对保密工作高度重视。他的父亲项与年是闽西当年最早的共产党员之一，被调入中央特科“红队”从事秘密工作，为党的保密工作作出贡献。项南对他的秘书和身边工作人员经常讲述老父的故事，嘱咐身边工作人员做好保密工作，他挂在嘴上的一句口头语就是：“保密慎之又慎。”

项南对身边工作人员经常进行保密教育。他说，别看当前风平浪静，保密工作面临的形势更加严峻复杂，风险挑战前所未有，必须加强保密意识和保密常识教育，使机关工作人员特别是涉密人员的保密能力与时俱进。他说，根据他多年的工作经验，经常开展保密教育，给身边人敲敲警钟，是防范窃密泄密的好办法。他联系当前查处的泄密案件，过失泄密占比很高，相关人员缺乏保密意识和保密常识是主要原因，不仅给党和国家事业造成损失，也影响了自己的成长进步，教训惨痛。因此，扼制窃密泄密案件的频发多发，抓好保密教育工作尤为重要。

项南对身边工作人员的保密教育主要有两招。一是规范化。紧紧围绕提高身边涉密工作人员的保密意识、保密能力，着力抓好保密常识的教育，突出保密工作形势任务、优良传统、责任制度以及基础知识、基本技能，做到应知应会。二是常态化。保密教育是一项长期任务，不可能一劳永逸。项南很注意发挥保密部门的主导作用，对有关单位和人员的保密教育实行目标管理，坚持把保密教育纳入日常性教育培训内容，常抓不懈，常教常新，进而建立长效机制，形成管用制度。

项南带头搞好保密教育，还身体力行，做好保密工作，严堵窃密泄密案件的发生。他特别重视密件保管，时常提醒秘书及时归档。有一次，他问秘书："我昨日交给你的密件归档了吗？"

秘书说："你记错了吧，那密件你没交给我呀！"

"我记得交给你了！"项南急了，他与秘书一起翻箱倒屉，找了一遍又一遍，就是找不到那份密件。项南肯定地说："我的抽屉找不到那份密件，肯定交给你了！"

秘书有苦难言，他清楚地记得项南没把那份密件交给他，如今密件丢失了怎么办？秘书想，项南保管密件是很认真的，他阅后未交还给自己，肯定丢不掉。于是他把项南办公桌抽屉打开，翻动文件夹，一份一份查找，找得满头

1985
香港年鑑
1940 1982
SINGAPORE 1983
台灣農家要覽 上
台灣農家要覽 下
三中全会以来
辞海
辞源

◆重视保密工作

大汗。深夜时分，终于从办公桌底下的夹缝中找到了这份密件。原来，文件太满，抽屉拉动时，密件挤在夹缝中。秘书这才松了一口气，连忙打电话给项南说：“密件在夹缝中找到了！”

项南很高兴，第二天在办公室会议上，表扬了秘书，并对他的“错怪”表示道歉。他说：“保密慎之又慎，首先得从我做起呀！”

勇夺华东之首

项南在战略思考和制订规划中，总是冲破难关，瞄准最大的干。位于闽江流域的华东最大水电站、装机容量突破140万千瓦的水口水电站，就是项南主政福建提出的战略决策。

调任福建工作后，项南发扬他勤于调查研究的工作作风，跑遍八闽山山水水，在听取许多专家学者意见和广大基层干部群众的呼声中，掌握第一手材料，提出了十项福建发展起步规划，其中就包括勇夺华东之首的水口水电站。

当时，装机容量30万千瓦的沙溪水电站正在艰难的动工兴建，水电部门已经感到压力很大了。项南又提出要建比这个沙溪水电站大5倍的水口水电站，许多人都感到接受不了。

项南深入闽江局水电部门调研，算的是缺电的苦和

◆1985年，项南陪同中共中央政治局委员、中央书记处书记方毅在福建南平视察。

账。他说，我们的农业生产没有摆脱靠天吃饭的困境，而福建的工业却也得看老天爷的脸色行事。一到枯水期，全省大面积压电，厂长愁眉苦脸，市长遭人斥骂。没有电，工厂停产，居民点蜡烛，所有的家用电器“休息”，几乎成了一堆废铁。项南说，我算了一笔简单的账：全省一年缺电6.7亿度，每度电按3元产值计算，直接和间接影响工业产值20亿元，缺少财政收入4亿元。而我们有闽江丰富的水力资源，不赶快开发，还打算点多少年的蜡烛呢？

这笔账一算，大家思想一通百通，鼓干劲，抢工期，保质量，提前拿下沙溪口电站，立即转战水口电站工地。用“老闽江局”人的话说：“能干上水口，死也瞑目了！”项南的这项战略决策，成了“老闽江局”人的巍巍丰碑！

请给我们“松绑”

1984年春，福建的改革开放正艰难地展开。城市经济改革刚刚起步，进展缓慢。此时，由55位厂长经理签名的呼吁信《请给我们“松绑”》摆在项南案头。他读完此信，稍加思索，立即作出批复，公之于众。他亲自写好导语，拟好标题《55位厂长经理发出呼吁：请给我们“松绑”》，刊登在《福建日报》头版头条上。

项南在调研中，发现福建国有企业作为国民经济重要支柱，由于长期受到计划经济束缚，生产经营没有自主权，既无活力，也无动力，只有压力，被人形容为“五花大绑”，步履蹒跚。项南不能容忍旧体制继续约束生产力发展，他一直在寻找突破契机。时值新春，在省六届人大二次会议和全国六届人大二次会议上，他在讲话和发言中郑重强调权力下放的问题，发出鼓励“放权”的信息，“让‘包’字进城”的主张，在人大代表和神州百姓心中激起强烈共鸣，对经济改革起了激励作用。省经委副主任、省厂长经理研究会副会长黄文麟，在厂长经理研究会成立大会之日，汇总了大家讨论意见，起草了这封“松绑”呼吁信，提出五条“松绑”放权的具体要求。许多专家学者认为，这是我国企业改革者第一次吃“螃蟹”，第一次向政府“要权”，是我国思想解放一大成果，吹响了国有企业改革的进军号。

《人民日报》加“编者按”转载了呼吁信，摘登了福建省委组织部、省经委支持改革的谈话。“松绑”促进了改革和发展，这一年上半年，全省经济总量增长14.9%，7月份高达20%，在全国名列第二。

时至今日，这一“松绑”举措仍然具有重大的时代意义。30年后的今天，福建30位企业家致信习近平总书记建

◆1982年，项南深入国有企业调研。

言加快企业改革发展。2014年7月8日，习近平总书记回信勉励大家“你们好！来信收悉。30年前，福建55位企业负责人大胆发出给企业‘松绑’放权的呼吁，很快在全国上下形成共识，成就了经济体制改革的一段佳话，我对此印象犹深。如今你们作为多种所有制、多种类型的企业负责人，就贯彻党的十八届三中全会决定、加快企业改革发展提出建言倡议，很有意义。”习近平总书记强调指出：“当前，各级政府正在加快转变职能、大力简政放权，目的之一就是让市场更好发力，让企业创新创造源泉更加充分涌流，这是又一次重要的‘松绑’放权，也是企业家更好发挥智慧力量的历史新机遇。希望你们和广大企业家一道，深刻领会、深入贯彻党的十八届三中全会精神，继续发扬‘敢为天下先、爱拼才会赢’的闯劲，进一步解放思想，改革创新，敢于担当，勇于作为，不断做大做强，促进联合发展，实现互利共赢，为国家经济社会持续健康发展发挥更大作用。”

特区扩大全岛

项南十分关心厦门经济特区的发展，心中经常考虑如何把特区做大做强。1984年1月下旬，时任中顾委主任、中央军委主席的邓小平开始了他的南方之行。结束在广东的视察后，邓小平在王震、王汉斌等陪同下，于2月7日抵达厦门。

按事先预定的方案，邓小平一行乘“鹭江号”游艇前往鼓浪屿。当游艇徐缓地绕着鼓浪屿游转时，项南取出事先准备好的地图，对邓小平说：“小平同志，厦门特区现在实际上只有2.5平方公里，实在太小了，太束缚手脚了，即使很快建成，也没有多大的实际意义。”

邓小平问道：“你们的意思是？”

项南语气坚定地说：“把特区扩大到全岛，使整个厦门岛都开放。这对引进外资和先进技术，对改造全岛的老企业，都可以起到更大的作用。”

◆1984年2月8日，项南陪同邓小平视察厦门经济特区。在环鼓浪屿的游艇“鹭江号”上，项南向邓小平汇报将厦门经济特区由2.5平方公里扩大到全岛的设想。

邓小平一边看地图，一边答道："我看可以，这没有什么问题嘛。"

项南说："没什么问题。这样，我们就可以重新规划，把厦门特区做大做强。"

邓小平说："这很好嘛。"

项南接着说："我们还考虑，进一步把厦门建成自由港，加快特区的现代化建设步伐。"

邓小平开怀地笑了，显然很感兴趣，相当关注，表示首肯，他点点头说："好！"

在厦门特区管委会接待室，邓小平在听取汇报后应邀题词："把经济特区办得更快些更好些。"

狠抓“筑巢引凤”

项南主政福建，总是从大处着眼，小处着手。他在主持制订宏伟蓝图规划的同时，十分重视基础设施建设。他说，只有搞好基础设施，人家才有兴趣来投资。他把这项工程叫做“筑巢引凤”，倾尽全力一抓到底。

当年福建经济十分薄弱，基础设施十分落后，没有商用机场、港口，没有高速公路，技术设备也远远落在兄弟省后头。经项南提议，省委、省政府反复研究商量，决心集中力量打歼灭战，把基础设施搞上去，建成十大项目：两套程控电话，福州、厦门各一万门；福厦两个飞机场，厦门为国际机场；两个万吨级港口码头，福厦各一个，厦门建一个3.5万吨级码头；两个电站，水口水电站140万千瓦，马尾火电厂120万千瓦；改造两条铁路，鹰厦铁路、外福铁路实现电气化。

项南形象地说，没有巢，凤怎么会飞来？飞来到哪儿安

◆1985年1月，项南陪同国务院副总理万里视察厦门特区，察看特区建设模型。

居呢？因此，必须建好基础设施，巢筑好了，凤就飞来了，引进外资也就水到渠成了。

基础设施建设，花钱多，困难大，却往往在一个甚至几个任期内都看不到经济成效，所以许多干部并不热衷于抓基础设施建设，然而基础设施建设事关整体经济发展大局。对于这一点项南非常清醒，他说：交通、通讯和能源等基础设施建设，纵有天大的困难也要优先安排，否则就会成为经济发展的“瓶颈”。

面对改革风云变幻，具体工作困难重重，项南对基础设施建设决不放松，最终突破难关，项目建成。但他仍遗憾终生的是，当时福厦高速公路没有建成，只好留给后人去努力了。

善于运用党报

善于运用党报指导工作，事半功倍，推动政策的宣传贯彻，是项南领导决策中一大特色。他主政福建工作之初，千头万绪，繁忙异常，特别是春耕在即，落实“大包干”责任制阻力重重。其时，《人民日报》刊登《落实农业责任制大见成效》一文，强调“要坚决推行农业生产责任制”。观点鲜明，事实依据充足。

项南读罢此文，认为很有指导意义，大笔一挥，建议《福建日报》转载。当时上头有位很负责的领导打电话责问报社：“为什么要转载此文？”对方来头很大，报社难以招架，只好求助项南。项南对报社领导说：“你可以反问他，为什么不能转载此文？”紧接着《人民日报》发表《巨大的吸引力》一文，介绍各地“大包干”经验。项南要求《福建日报》转载，并亲笔写了285字的“编者按”指出：“广大农民群众喜欢的是什么呢？是利益最直接、责任最

◆每天必读党报

具体、方法最简便的责任制。”有力推动了全省“大包干”的落实。

项南文笔犀利，言简意赅，针对性很强。他经常为报社写文章，多数只有500来字，长的也不过800字，一口气就可以读完，并且让人回味无穷。《人民日报》、《光明日报》、《经济日报》、《工人日报》和新华社经常转载《福建日报》发表的项南文稿。他有句名言：“不会运用报纸广播的领导，是手工业式的领导。”他在福建任内写了25篇文章、社论和经济评论7篇。其中《这样的案件为什么长期处理不下去？》只有142字：“今天本报又公布了两个重要案件。坏人受到揭露处理，这很好。有些问题群众看得很清楚，干部也有很多议论，问题的性质已经非常明白，但是就是处理不下去，而且长期处理不下去。为甚么？一是自己屁股有屎；二是派性作怪；三是软弱无能。你这个单位的问题长期处理不下去，是甚么原因，算哪一条，不妨想一想。”此为新闻史上最短社论，《人民日报》等29家报刊转载，被评为全国新闻战线评论一等奖，列为高校新闻系教科书。

最好招待的人

项南平易近人，因陋就简。在省委机关吃大食堂，跟普通干部一起用餐；下乡到地方，一拒宴请，二不多吃多占，跟基层干部一起吃饭，自己掏钱照付。

项南调任福建后，一日三餐与机关同志一样吃大食堂。省委大食堂条件差，连多余的凳子都没有。有一天午餐，项南离开椅子去打汤，顺道和某人说了几句话；这时，椅子被一位女同志顺手拖走。项南没注意，谈话完毕后，回来直接坐下了，一下子扑了空跌倒在地上，坐了个屁股墩。

好险！项南已经60好几了。周围的同志都很紧张，纷纷批评指责那位女同志。那位女同志难受得哭了。

项南站起来，拍拍裤子上的灰，对那位女同志说："没关系，下回拿椅子说一声。"接着与大家愉快地边吃边谈，就像没事一样。

有一年正月十五，福州市委书记袁启彤陪项南去瞻仰福建名人陈绍宽故居。一行人正坐下来缅怀陈将军辉煌一生时，故居主人端出了十几碗元宵丸子，一碗大概有五六粒，人人有份。项南马上问袁启彤：“这是不是你安排的？”

袁启彤说：“我也不知道。”

项南想了一下对秘书说：“一个人平均1块钱，十个人10块钱，吃后算账。大家把丸子吃掉，不要浪费。”吃完后，他叫秘书立即付款结账。

项南经常下乡调研，吃住也很随便，从不讲究什么“高档”和特殊。有一次，他到连城山区检查工作。此事让村干部诚惶诚恐：省委书记来这穷山沟可是破天荒的事！于是准备杀猪设宴请项南。

这事让项南知道了，他把村干部叫来：

◆项南在闽西山区看望生活困难的群众。

“你们要杀猪？”

“没什么菜呀。”

“千万不能杀猪！”

“这里有什么吃什么。简单就行。否则我马上就走！”

村干部感动地说：“项南同志，你是到我们村里来的最大的官，也是最好招待的人。好，中午到我家啃番薯，喝粥汤！”

项南对待自己是这样严格、简朴，对上级来人他也是一切从俭，从不摆宴招待。有一次从中央来了一位领导到特区视察工作，项南陪同走了几个地方，这位领导比较喜欢喝酒，但是一路都没有招待他喝酒。有一天这位领导终于忍不住了，吃晚饭的时候半开玩笑半认真地说：“项南同志不请我喝酒，我自己掏钱买。”他就自己掏钱买了一瓶茅台，拿到桌上来喝。看了这一切，项南就像什么都没发生一样，照吃自己的饭，吃完就走了。倒是项南的秘书觉得很不好意思，陪着领导喝了一会儿酒。项南同志就是这样，从内心深处保持着一个农家子弟简朴、正直的品质，无论是面对下级，还是面对上级，他都始终本色如一。

接待宾客“奇招”

项南主政福建，提出响亮的口号：“我们对外开放，就是要让世界了解福建，也要让福建了解世界。”1981年底，项南邀请香港、澳门各种倾向的20多家媒体老总、资深记者32人，组团到福建采访。这是福建有史以来接待的人数最多的港澳媒体采访团，对于宣传福建、了解福建、推动福建的改革开放，起了很大的作用。

但是，这次规模空前的港澳记者采访活动，在筹办工作中，让外事部门和当地领导感到头痛的是，不知用什么“好料”招待记者们。当时的武夷山简陋得跟山场一样，没有像样的会议室、接待厅，也未配上高级厨师烹调国际名菜。因此，如何做好接待工作，的确让他们感到紧张不安。在研究接待工作的预备会议上，项南不慌不忙，沉着应对，他提议把会见场所安排在武夷宾馆的餐厅，摆上当地清一色的竹沙发、竹茶几、竹凉席、竹交椅，这样既朴素

◆1981年4月，项南在福州会见来访外宾。

大方，又富有山区特色。至于宴席上招待的“好料”，项南建议用当地的土特产，焖一锅自己老家连城的红心地瓜，让记者们吃饱吃好！

“焖地瓜？”接待人员对项南提出的“接待方案”感到吃惊：“这样的土货，也能摆上国际宴席？”

“他们在海外，洋货吃腻了。到我们山里，尝尝土货，那才开胃哩！”项南朗声一笑说，“你们别小看这锅焖地瓜，它既可成主食，又可下酒，不仅可以吊起客人的口味，还能牵动他们的思乡之情呢。这焖地瓜一定要上，就这样定了！”

果然，项南这一对外接待的“奇招”，引发意想不到的良好效应。那天，当记者们鱼贯进入简朴的会见场所，项南摸着他光滑的脑袋，热情地说：“你们周游列国，看到这样的会见场所，感觉很新鲜吧？这正体现了我们宾主间虚怀若谷、高风亮节的追求。”

项南这奇特的开场白，立即引来记者们的同声叫好，热烈的掌声如同武夷山上的松涛在翻滚。就在这样良好的的炽热气氛中，项南向采访团实事求是地介绍福建改革开放的情况，坦率真诚地答记者问。项南堪称话语大师，他的语言天赋惊人，侃侃而谈，不用讲稿，妙语连珠，滴水不漏，引经据典，特别是电脑式的数字倒背如流，让见多识广的记者们连声叫绝。

在热烈的掌声中，项南谦和地说：“好，现在午餐的时间到，让我用家乡的红心地瓜招待诸位好友！”

出乎意料，当一盘又一盘焖地瓜端上宴席桌，大受记者们的欢迎，被抢个精光，吃得又香又甜又饱，连声叫好。

陪同人员看到这情景，趁机解释说：“地瓜本是粗贱的食品，历来只是家里人自己吃，不能招待客人。今天，项南同志请大家吃地瓜，是不把大家当客人，而是当作亲人、自家人一样看待！”

这短短的“闭幕词”，升华了这场宴席的格调，让大家深深地体味到血浓于水的闽港澳情。

不准打我旗号

项南历来讲究清廉，他调任福建后，在省委常委会议上，经常提醒常委们注意自己的一言一行。

项南刚到任不久，就有干部以权谋私等违法乱纪现象发生。项南当着各位常委的面对纪委的同志提出："省纪委要把眼睛盯着省委常委！你们就挑我们省委常委的毛病，人家就服了，底下的问题就容易解决了。"

福州市公安局有一位王科长，利用职权为非作歹，走私贩私、奸淫妇女，把福州闹得乌烟瘴气。福州市不敢碰，只因他是某要员之子。老百姓把眼睛盯着省委、盯着项南。

项南指示刑侦部门调查王的罪行。待时机成熟，果断拍板，逮捕了王及其同伙。

《福建日报》公布了破获王一案。项南亲自就此事为报纸起草了一篇142字的社论，言简意赅，切中时弊，被称为新闻中最短的社论，并获全国新闻一等奖。

项南知道，打铁先要自身硬。他要求常委们做到的，自己当班长的首先做到，决不含糊。

20世纪80年代初，彩电是稀缺物品，买彩电需要手中有票，福日公司出产的彩电尤其难买。

项南有一位亲戚喜欢福日彩电。他直接找到福日厂里买了一台。这事让项南知道了，非常生气，严令这位亲戚把开后门买的彩电退回去。

亲戚说：“我并不是打着您的旗号去买的，为什么要退回去？”

项南严肃地说：“没打我的名字，你能买到这个？你是没有发话，但是你一去，人家都知道你是谁了，当然就卖给你。”

最后，项南的这位亲戚把彩电给退回去了。

此事在省委机关传为佳话，大家都说：“领导做出好样子，我们要好好学习，落实到行动上。”省委常委们回到家中，宣讲了项南的好家风，对家人说：“你们在外头要注意，千万不能打我的旗号做不光彩的事！”

◆项南和夫人汪志馨在福建

握大权不私用

项南一身正气，两袖清风，光明磊落，手中握有大权，从不滥用私用，为我们树立了好榜样。

配给他的公车，他不允许子女私用；他交代秘书不许为自己的子女办事，有时候子女私下里让秘书帮个小忙，让他知道了，一定会大发脾气。有一次看电影，电影散场后天下大雨，女儿想搭他的车回来他没有允许，结果女儿冒着大雨回家，回到家里就发起了高烧。

有一年春节，家乡连城的县长赴京看望老书记项南。这位县长当天还得乘飞机回福建，因为聊的时间比较久，县长怕赶不上飞机，于是就提出可不可以派车送他去机场。不料项南却说：

“这样，你快点从这边走出去，那里有个公共汽车站，赶紧去，应该还赶得上！”

这让县长始料不及，以往每次看望老干部，用车送一送，在宾客之间已成常事。但他理解，这就是项南的做事风格。于是县长匆忙赶到公交站搭乘公交车，险些误机。

项南出门最不喜欢前呼后拥。

有一次，身为中国扶贫基金会会长的项南到江苏张家港视察，当地政府派了四辆警车，前面两辆开路，后面两辆护卫，一路上警笛长鸣，好不威风。此情此景，令项南很不高兴。他对司机说："想办法让他们走开！他们是要把老

◆在伦敦凭吊马克思

百姓全吓跑吗？”

车到一个农贸市场，项南说：“小杨，我们在那里停一下。”

司机将车停在了拐弯处，等警车呼啸而去后，项南的车才悄然上路，“逃离”了警车的护送。

项南身居要职，从不用公款设宴请客。有客人来，他就在自己家里便饭招待，宾主都感到很亲热。

有一次，闽西老乡、中国作家协会书记处书记张胜友到项南家中作客，恰好楼上的一位书记临时有事要找项南。项南出门前交代张胜友：“小张，你中午不要走，在我家吃地瓜饭。”

12点了，项南还没回来。于是张胜友和保姆阿姨打了声招呼，就告辞了。

张胜友走后不久，项南推开家门，发现客人不见了踪影，问阿姨：“小张哪里去了？”

“他先回去了，他不知道您什么时候回来。”阿姨说。

知道张胜友刚走不久，项南赶紧下楼，骑上自行车往外追，终于把客人追到了。

张胜友看到匆忙赶来的项南，大吃一惊：一个省委书记、部级干部，年过七十，却亲自骑车追他去家里吃地瓜饭！

“别把自己当作官”

连城县政协常委罗心如是八旬老人，1984年春到福州列席省政协会议，特地到项南住宅拜访，受到热烈欢迎。罗心如20世纪30年代曾任国民党大田县县长，项南当时在大田县开展地下党活动。一天上头密令逮捕项南，罗心如出于老乡乡情急告项南逃过一难，被项南称为“救命恩人”。如今老乡老友一晤，格外亲热，不亦乐乎。

罗心如这位在国民党做过官，解放后又在县政协机关工作的老干部，高兴地对项南说：“你返八闽主政，政绩显著，群众口碑很好，大家都说你做官不像官，真难得呀！”

在“官场”混过的罗心如，三句话不离“官”，一开口就讲起“官”来了。项南泡了武夷大红袍茶，给老乡斟了一杯，笑了起来说：“罗老，我从来就没有官的意识，只不过是人民的公仆。记得1958年，毛主席在《工作方法六十条（草案）》中这样写道：‘人们的工作有所不同，职务有所不同，但是任何人不论官有多大，在人民中间都要以一个普通劳动者的姿态出现。’充其量，我是一位人民的勤务员。”

罗老喝了一口大红袍茶，听了项南这席话，高兴地说：“自古道：‘有诸内者，心形诸外。’领导干部内心的自我定位，决定外在的行为和作风。现在，有的领导干部因为一时位高权重，忘记根本，丢失自我，把自己当成高高在上的‘官老爷’，发展下去很危险呀。”罗老告诉项南，在省政协讨论会上，他在发言中针对某些领导干部高高在上、脱离群众的工作作风，提出“别把自己当作官”，要淡化“官”的意识。罗老说：“别把自己当作官，就要彻底消除官本位，就要自觉放下官架子，就要坚决反对官特权。你说，我讲的会不会过重了？”

◆项南能够娴熟地操作各种农业机械，图为项南驾驶国产拖拉机参加麦收劳动。

项南拍起手掌说："罗老，你讲得太好了，一点也不会过重，我在会议简报上，看到了你的发言摘要，立即批示给省委机关干部们好好学习，永远记住，别把自己当作官！"

罗老谦虚地说："你这老乡太抬举我啦。我这发言有什么可供大家学习的呀？你说，从来就没有官的意识，这才是我们学习的楷模哪！"

项南对老乡老友说，我在省里干部会上讲过这样的故事：清朝有个官员叫申居郧曾说："做官时要往前想一想，我原不是官；又要往后想一想，我不能常有此官。寻取真我，方有着落。"项南激动地说，封建官吏尚有如此认识，我们今天的领导干部更要牢记："我原不是官"，处处以平民之心看待自己，以公仆之心要求自己，真正与广大群众打成一片，融为一体，全心全意为人民服务，为群众办实事，才能赢得人民群众的信任和尊重，我们的事业才能兴旺发达。

罗老听罢兴奋地笑了起来，连声赞道："你做官不像官，我现在知道你的秘诀啦！"

“自力更生是宝”

那是1985年8月，项南主政福建好几年，还没给家乡批过一分钱。刚调任连城县朋口乡党委书记的曾海泉，带着几个项目，到福州向项南汇报乡里的工作情况，当然也希望他给家乡关照一下，特别是请他帮忙，把坑坑洼洼的乡村道路修起来。

可项南对家乡的“父母官”说：“我们办事情，首先要有全局观念，干部工作作风要扎实，实实在在为群众办几件实事好事；更要自力更生，不要指望我批钱给你们。我不会随便批钱给你们的。因为我是全省人民的书记，不是朋口乡的书记。我要顾全大局，着眼全省。如果朋口乡有问题，可去找你们县里解决。”

当家乡党委书记汇报几个项目时，特别是要花几十万元兴建电影院，被项南狠狠地批评了一番：“朋口老家群众生活还很贫困，你们却把几十万元投入建电影院，人民生活连温饱也没解决，你们怎么坐得下舒服看电影？如果把有限的资金拿来建厂房办企业，增加乡里收入，提高群众生活水平，那不更好吗？”

其实，兴建电影院是前几任领导规划的，曾海泉接任乡党委书记后，如果不把电影院建起来，是会被人家指责的。但项南从坚持群众的利益出发，讲了许多道理，最终还是把家乡书记的心打动了。他返乡后，按照项南的意见，把钱先投入建厂房办企业，赚了钱后，解决了大家温饱，再考虑兴建电影院，满足人民对文化生活的需求。这样的安排，受到群众的欢迎，乡党委书记从中悟出真谛。

后来，项南调离福建，出任中国扶贫基金会会长。家乡的村道却还未修起来，更没有钱买水泥硬化。乡亲们想，项南现在不是“全省人民的书记”了，手里有扶贫基金，家乡是贫困村，现在请他批钱修村道应该是时候了。大家委托经常出差北京办事的龙岩地区行署赣龙铁路筹建

◆项南的家乡福建连城县朋口镇文坊村。

办公室主任项建坤乡亲，赴京时请项南批钱修村道。项建坤受父老乡亲的重托，到北京后，递上家乡修路的报告。项南看了报告后，心里感到震撼，改革开放十多年，家乡的路还没修好，心里也感到有负广大乡亲。按理说，他现在批一点钱给家乡修路未尝不可。但考虑再三，他对项建坤乡亲说："我们家乡山清水秀，虽还贫困，但至少还有水喝。我到西北去考察，那里农村更贫困，连水也喝不上啊。你说，我手头这点扶贫款，是批给家乡修路，还是先为西北群众解决饮水难题呢？"

项建坤乡亲听罢很受感动，他返乡后向乡亲们解释，项南心里记挂的不光是家乡的村道，而事关西北群众的"渴望"，他更要急着优先送水呀！

家乡群众深为项南大公无私的高尚情操所感佩，大家再也不向他伸手要钱了，自力更生，艰苦奋斗，靠山吃山，吃山养山，终于脱贫致富，村村通了公路。项南返乡，看到刚修建的崭新村道，高兴地笑着说："乡亲们真能干呀！看来，自力更生是宝，不光丰衣足食，还能实现村村通，通向全世界！"

心中想着群众

项南身为省委书记，心中总是想着群众，群众总是在他心中。他下乡路遇汽车难走的山道，也要步行或坐手扶拖拉机进山去，实地接触群众，现场就地办公，心里才踏实。

有一次下乡调研，听说永定县在棉花滩规划建一座水电站，但因在坝址的选择上有争议而长期不能敲定。项南带领专家到永定实地勘察。然而公路距棉花滩坝址还有16里的小道，沿途坑坑洼洼，汽车难行。随行人员和当地干部都劝项南："算了，别去了。"

项南说："汽车不行，手扶拖拉机总该可以吧？"

于是，项南第一个爬上手扶拖拉机，随行的人也跟着爬上去。

就这样，项南顾不得安危，头顶烈日，一路颠簸辗转前往拟议中的坝址现场办公。

平日在办公室写文章，批文件，项南心中也想着群众。他最反对文山会海，把干部群众苦死了。他主张，会以短小为佳，文以精简为好。

1986年，项南离任前夕，《福建日报》总编林振夏交代记者阮荣祥等人撰写一篇长篇通讯反映项南在福建改革开放的成果。几天之后，洋洋洒洒七八千字的文章脱稿了。林振夏带上文稿同阮荣祥去拜访项南。

项南看完文章说道："报纸上的大块文章老百姓不爱看，也不易看懂。如果把大块文章变成一小块一小块，每天登一块那就好了。"

项南的文章，大都写得好、写得短、写得精。他说，大块文章，像倾盆大雨，易让人心生厌倦；小块文章，群众一天看一点，不断得到积累，可以加深对一件事情的认识。如古人所言："润物细无声。"

◆1983年，项南（右三）与中共中央农村政策研究室主任杜润生（左三）在闽南农村考察。

林木也是生命

项南下乡，总是要到山上去走一走，看看林子长得好不好，听听老百姓对林业政策的意见。1983年清明时节，项南在自己家乡连城县调研，顺便到文亨乡山上造林地看一看。他发现山地上造林用的苗木丢掉一大把，立即叫乡长找一把锄头，按规格挖穴，把拾回的苗木，一株不剩地种下去。他说："林木也是生命呀，一株苗木，将来就是一棵栋梁，也是大材哪！"

一天，福州市委书记袁启彤接到项南的紧急电话。当他一进办公室，项南劈头就问："你今年几岁啊？"

"四十八岁。"

"你还能活多久？"袁启彤觉得不对头了，摇摇头说不清楚。项南说："就让你再活50年吧，能活到100岁。能活到200岁吗？"

原来，有人要砍福州五四路和五一路之间那棵三人都

◆项南在长汀农村考察。

合抱不过来的古樟树，就在斧下树倒的紧急时刻，正巧被项南路过发现，大喝一声："斧下留树！"之后一问，是某机关要在此盖楼。

"那你知不知道五四路那棵大樟树活了多少年？它的历史比我们还久远啊！你有什么权力判它死刑？"项南追问。

"这……我还不清楚。"

"不清楚？不清楚就是官僚主义！在大路旁边要砍掉一棵大树，你说你不清楚？你立即回去制止，检查一下是什么人的主意，为什么要这样做！"

袁启彤赶紧出门去办这件事。后来，福州市出台一项规定：种树可以不要批准，砍任何一棵树都必须经过政府批准。

如今，那棵被项南解救的古樟树根深叶茂，成为榕城的独特风景，为老百姓留下一片荫凉。

发展乡镇企业

乡镇企业最初被称为“社队企业”。当年，项南在闽南农村考察，被农民自发搞起来的社队企业所吸引，意识到大包干后，工效大提高，出现大批剩余劳力，成为眼下农村工作一大难题。他认为，发展社队企业不仅使农村剩余劳力有了出路，还可为农村经济和产业调整产生积极作用，应给予大力支持。但社队企业刚刚兴办，先天不足，无疑是有缺点、有毛病的。

1981年春夏，正值国民经济调整时期，本来就没有正式“户口”的社队企业，受到各种非议，罪名一大堆，大有兴师问罪，必欲将其取消之势。项南旗帜鲜明地说：“福建要富起来，社队企业确实是我们希望所在。”他排除阻力，给各级领导干部吃“定心丸”。

晋江市陈棣镇率先利用闲钱、闲房、闲人的“三闲”，集资合股办起327家各式各样工厂，产值2959万元，

◆1985年项南（右二）陪同国务院副总理万里（右三）视察晋江市陈埭乡镇企业。

“万元户”高达300多户。针对有人打击社队企业，项南针锋相对地赞扬陈棣镇社队企业“是福建的一枝花。”《人民日报》迅速报道并配发短评《陈棣的启示》，加以推广。一个全新的中国经济结构正在诞生：农村生产责任制落实之后，剩余劳动力的转移问题迎刃而解，传统农业经济向商品经济的转化正在推进。可是社队企业到底姓“资”还是姓“社”，困扰着希望早一天富裕起来的百姓。

“名不正则言不顺”。项南动脑筋给农民办的社队企业取名“乡镇企业”。

有人反问：“不是乡镇办的，你怎么叫乡镇企业？”

“你们不能片面地看这个问题。农民的企业是办在农村也是办在乡镇的，既然是农民办的乡镇企业，叫它乡镇企业有什么不对？”项南回答。

“乡镇企业”四个字替代社队企业，避开姓“资”姓“社”争议，从此，备受鄙视的“私生子”社队企业蓬蓬勃勃发展起来了。

为教育办实事

1983年8月，在福建省委三届九次会议上，项南作了《论以智取胜》的报告，明确提出福建的各项事业要靠开发智力来赢得发展。他大声疾呼，要尊重知识，尊重人才，以智取胜。

项南这样说，也是这样做的，想尽千方百计，为教育办实事。1982年6月18日，项南来到省定贫困乡龙岩市苏坂中学，看到教室和教师、学生宿舍破烂不堪，立即对陪同的龙岩市副市长说："你回去立即向市委、市政府汇报，要切实加强教育投入，学校是培育人才的基地，人才是科技兴国之本，决不能让教师和学生在危房破宅中教书读书！"这位副市长立即行动，经市委、市政府讨论后，立即拨出一笔巨款，把苏坂中学重建一新，同时对全市中小学校舍作了一次清查，凡危房破宅立即抢修重建，让教师学生在新房新宅中安全教书读书。

◆1992年，项南与集美校友、香港庄仕集团董事局主席庄重文先生在集美学村。

1982年7月27日，省委三届五次全会专门研究讨论教育问题，作出了《关于加强教育工作的决议》，这在全国是极为罕见的。项南强调要尽可能多挤一点钱办教育。当时全省一年财政收入才20多亿元，有人诉苦说，家底穷，经济发展了再发展教育。项南指出，再穷不能穷教育，要舍得花钱为教育办实事，教育经费每年的投入要高于财政增长水平。此后，全省在短短几个月内就挤出3000多万元作为教育经费。明溪县把建机关宿舍的40多万元，用来改建学校教舍。建瓯县通过各种渠道集资592万元，投入中小学校舍建设。

松溪县茶坪乡下岭小学勤工俭学搞得好，用创收解决教学设备和穷学生的费用。项南闻讯后很高兴，爬山涉水来到下岭小学考察，大加赞扬，把该校校长艾盛煌树为教育界先进典型，参加省委全会，当选全国人大代表。项南由衷地说："荣誉就是要给为教育办实事的先进人物。"在下岭小学先进典型带动下，全省为教育办实事蔚然成风，福州三中、福州八中、福安陈安小学等一批教育界先进单位，如雨后春笋般不断涌现。

1984年春，项南在宁化县盖洋中学调研，听说这所中学没有电视机，信息闭塞，适应不了现代信息教学发展的要求。他当场表态，要发展电视教学，各地区都要办电视大学，凡是有电的地方，所有学校都要配备电视机。在项南指令下，全省各中小学很快都配上了彩色电视机，广大师生欢欣鼓舞。福建实现校校有彩电，这在当时全国也是独一无二的。

“师情常在念中”

1983年4月3日，项南深入闽西调研，那天从长汀县河田镇考察水土保持工作后，顺道回到故乡连城县朋口乡文坊村。项南径直健步来到当年列宁小学遗址——古色古香的故宫式建筑项氏家庙福诚公祠。这时村党支部老支书项思发迎上前介绍说：“上世纪30年代初，文坊乡苏维埃政府在这里创办列宁小学。”

项南高兴地回忆当年的峥嵘岁月，他说：“是呀，那时我才11岁（1918年11月18日出生），在列宁小学读了三年书，还当上文坊乡苏维埃的少年先锋队队长，领着一群少先队员跟赤卫队员一起站岗、放哨、查路条。”他还谈起他的老师，激动地说：“当年教我们的叫项际申老师，他教书很认真，是我的启蒙恩师。时间过去半个世纪，我心里至今还记挂着他，师情常在念中。”

项南正想到老师家看望，项际申老人听说项南回来，刚好赶到项氏家庙来。项南一眼就认出当年的老师，迎上前热情地握手问候，并向随行的龙岩地委书记林开钦和一大群乡亲介绍说："这位就是我在列宁小学读书时的老师！"

大厅里响起一阵热烈的掌声，向项际申老师表示敬意。项南在文坊村考察后，离开村里时想起还没有向老师辞别，又返回列宁小学。项际申老人要送项南一程，项南恭敬地说："你老年纪大了，请留步，多保重。"临别还送上一包葡萄干作为给老师的礼物。

过了几年，项南第二次回乡时，特地来到项际申老师家里拜访，并送上一条高丽参给老师补养身体，叮嘱珍重自己的健康，注意保健，有空常在林子里散散步，最后紧握他的手说："祝老师健康长寿！"

项际申老师万分感佩，一种特殊的荣誉感自心中油然

◆与启蒙老师项际申亲切交谈

而生。他逢人就说，我只教过项南三年书，过了四五十年他还在心里记挂我。这位老师激动地说：“项南这位受人崇敬的清官，真是好样的！”

项际申老师还告诉大家，可贵的是，项南的师情是全方位的。他不仅对教过自己的老师这样师情洋溢，对全社会的教育界的老师也一样尊重。他在省委书记任内，倾情关心解决民办教师的转正问题。当时，民办老师所占的比例很大，他们都靠地方财政补贴，收入微薄，家庭负担重。为了解决他们的生活困难，调动他们的积极性，项南深入农村学校，对民办教师的转正和待遇问题作了调研，指示教育部门应该区分情况，分期分批解决这一难题，使大部分民办教师得以转为公办教师。项际申老师激动地说：“项南师情常在念中，这样尊师重教的好书记，真是打着灯笼也难找！”

◆文坊村列宁小学旧址

“复办女院头功”

华南女子文理学院是一所海内外遐迩闻名的民办学院，后来因种种原因停办。在改革开放之初，广大校友纷纷要求复办，恢复它昔日的风采。1984年10月，省高教厅、文教办负责人汪志馨等人向项南作了详细汇报。项南一听非常赞赏，他说：“省委提出以智取胜，就是要大力发展教育。你们从妇女的角度，提出复办华南女子文理学院，很有思路，措施得当，应当大力支持。”

省委书记一言九鼎，原先几个“关卡”红灯立即改为绿灯，仅一个来月，省里就下达批准复办立项的文件。效率之高，堪称当年特事特办的典型。

项南说干就干，为了加快复办进度，1985年1月上旬，他亲自带领省里和福州市、仓山区五套班子领导，共20多人，来到仓前山华南女子文理学院原校址调研考察，督促有关部门把复办工作抓紧抓实抓好，确保当年招生开学。在项

◆共商职教发展

南的敦促下，筹办方立下军令状，当即规划参加今年高校统一招生，和全国高考新生同时开学。

当年筹办方负责人是华南女子文理学院福州校友会长刘美珍，她是教育世家，父亲刘仰文是著名教育家，曾创办私立中学（后改为福州第十七中学）。她本人1951年毕业于华南女子文理学院后，任中国人民大学教授，退而不休，在改革大潮推动下，心中早就立下复办女院之志，决心为培养更多妇女人才作出贡献。项南很赞赏刘美珍的雄心壮志，他问道："现在经费筹集工作不知进行得如何？有没有困难？"

刘美珍听罢很激动，她知道办教育很重要，但没有经费寸步难行。现在筹办工作这么紧，缺的正是经费。她说："能不能请省里先无息贷款20万元作开办费，可以我家捐献作为女院基地的房产作抵押。”

项南并未立即表态，他领着大家看了校址，召开了现场办公会议，研究了几条措施。他说：“我看校址挺不错，是不是小了一点，我看可以再扩大。”他嘱咐时任福州市市长洪永世支持复办工作。

洪永世说：“项书记这么重视，我们一定大力支持。”

项南望着刘美珍说：“我看你们决心很大，想法很有开创性，我相信我们一定能办好女院，省里会尽力帮助你们解决困难。”接着，他征求有关同志的意见后说：“我看可以先拨20万元作为你们的开办费吧。”

项南一锤定音，刘美珍等女院筹办方从心底万分感激，她说：“我们衷心感谢省委的支持，一定会把女院办好！”

过了几天，省拨20万元开办费很快到位，女院校址随即破土动工。同年10月18日，女院4个专业班总共160名新生准时报名入学，举行了隆重的开学典礼。这是全国第一家，也是唯一的一所民办女子大学，揭开了福建省教育史上辉煌的一页。

那天省委上午开会，项南叫他的夫人、省文教办负责人汪志馨参加开学典礼，说他下午会到校祝贺。下午3时项南真的来了，参观了新校舍，也看了新生们学习和住宿环境。项南知道女院刚刚复办，经费很缺，立即帮助联系银行贷款20万元，用于添置电脑、电视机和其他用具，确保教学的正常进行。项南紧握刘美珍的手说：“你们复办女院有功，为福建发展教育事业又闯开一条新路子。”

刘美珍竖起大拇指说：“复办女院头功是我们的项书记呀！”师生们报以热烈掌声，向项南表示由衷的感谢和敬意！

“扶贫重在扶教”

项南出任中国扶贫基金会会长，仍然像他当福建省委书记一样，紧抓以智取胜不放，极为重视和倡导职业教育。他说：“智力是脱贫的关键。扶贫重在扶教，才能扶到点子上。”

中国扶贫基金会理事、北京北辰集团董事长孙梦兰，跟随项南17年开展扶贫活动，干的几乎就是扶教工作。1991年3月，在河北省定贫困县阜平县经济工作会议上，项南讲了阜平的经济发展战略，首先强调的就是提高人的素质，培训人才，建议创办职业学校。他说干就干，干就干好。会后，他与孙梦兰董事长一起，亲自参与选址办校，帮助筹措资金建成了阜平职业教育中心，培训了大批职业技术人才，推动了全县脱贫致富，搭上了经济发展的快车。1993年，在项南组织下，北辰集团与日本国际文化友好协会两家各扶助700人“一帮一、一对红”救助阜平失学儿童

◆项南与中国扶贫基金会副会长何载（左二）、李敬（右二）在河北阜平老区考察。

共1400人，并邀请20名代表到北京和日本参观访问，有力推动了阜平扶贫扶教活动的开展，成为贫困地区人才培训和职业教育的先进典型。

孙梦兰当时对这种扶贫工作很不理解，认为是教育界的事情，不必我们扶贫基金会插手。项南耐心地说服孙董事长，说明教育与扶贫的关系，以智取胜的重大战略意义。孙董事长听罢，茅塞顿开，加深了对扶贫扶教与脱贫致富关系的认识。1997年8月8日，孙董事长联合其他企业家发起成立富本职业教育基金会。项南亲笔题词“发展职教，志在富民”，深刻诠释了职教在扶贫富民工作中的重要作用，在企业界、教育界和社会上产生很大影响。

历经十多年的努力，富本职业教育基金会这个平台，落实项南“扶贫重在扶教”和“扶贫抓根本，发展职教志在富民”的扶贫战略，取得了很大成效。

一是全力扶持项南倡导创办的阜平职业学校，推动阜平职业教育迅速发展。十多年来，阜平职业学校从一个贫困简陋的山区职校，发展为装备现代化、教育质量高的职业教育中心。在校学生已达5100人。该校运用各种方式培训技术人才8万，全部安排就业。该校等级也由县级职校升格为保定市重点、河北省重点和国家级重点职业学校。二是投资80万元建成河北省第一个县级远程教育体系，以职教为主，涉及15个中学学校的远程教育网，有效提高了教育辐射程度。三是从人才、技术、资金和市场帮助阜平在滩涂地上发展甲鱼养殖产业，年产值达2亿元，推动了全县农民脱贫致富。四是投资在阜平兴办6所希望小学和2所中学。五是资源整合，与城市优秀职校合作，扩大教学规模1000余人，大大提高了教育质量。六是筹资60万元为北京民办蒲公英农民工学校800多师生"雪中送炭"解决供暖问题。

重视侨务工作

八闽是我国重点侨乡，项南主政福建，十分重视侨务工作，经常向省侨办、省侨联了解有关情况，深入侨乡调研，指出要认真落实党的侨务政策，消除华侨顾虑；在引进外资方面，要向华侨提供比外商更优惠的条件。他说，福建籍华侨有600万人，主要分布在东盟，这些华侨可用于投资的资金有400亿美元。把这批资金引进来，对于加快我省经济发展步伐，具有重大意义。

项南由衷敬仰著名侨领陈嘉庚。他在厦门集美学村调研时说，陈先生是伟大的爱国者，他生在福建，是福建人的骄傲。他早年倾尽全力办好厦门大学，后又办好集美学村，我们做后人的，一定要发扬陈先生爱国兴教精神，为培育人才做出新贡献。

项南在百忙中，尽量抽出时间会见远道而来的华侨华人，倾听他们的心声，为他们解答疑虑。项南先后会见了东南亚华侨富商、新加坡华人陈共存（陈嘉庚侄儿）、胡仙（胡文虎女儿）等，与他们进行推心置腹的深谈。针对福建的具体情况，项南反复对属下各级领导干部提出，要体谅华侨华人，积极争取侨心，充分利用侨力，严格按侨务政策办事。随后，省委、省政府处理了“盗掘华侨华人祖墓”事件，归还被占用的华侨私房，告诫各级有关部门对华侨华人子女招工、招干和入学问题一视同仁。

在项南的提议下，省委、省政府制定条例对捐资办学、热心公益事业的华侨华人和台港澳同胞，颁发奖状奖章和“乐育英才”奖匾，在侨界产生良好反响。

◆1989年10月，项南与陈嘉庚先生亲属、新加坡华侨华人实业家陈共存（右一）在商谈侨务工作。

智出《胡文虎》

项南对华侨政策的落实，紧抓不放，一抓到底，抓出成效。1983年春，项南在闽西调研时指出，“胡文虎是捐资办学的爱国华侨”，并与归侨作家张永和彻夜谈心，鼓励他重写长篇传记《胡文虎》。

在20世纪60年代，张永和在胡文虎的家乡永定县金丰林场工作时，曾写过《胡文虎》初稿。“文革”中被“造反派”烧掉。在项南鼓励下，他重振旗鼓，不久《胡文虎》脱稿了，但因胡文虎所谓的汉奸问题而使出版受阻。张永和求助于远在北京的项南。

抗日战争前，胡文虎立下宏愿，捐资兴办“千所医院百所小学”，却因抗战而中断；抗日战争期间，他在华侨中个人捐款最多。然而，在抗日战争后期，胡文虎因迫于无奈面见日本首相东条英机，被戴上了“汉奸”的帽子。

项南主政福建，命做事谨慎的张克辉调查胡文虎历史，并作出结论：胡文虎是爱国侨领。

项南决定为胡文虎平反，当务之急是要让胡文虎的历史真相大白于天下。张永和把书写出来了，可是谁也不敢出版。

项南让张永和写一篇万字文章《胡文虎研究取得新成果》，特别写上这一句：胡文虎在抗日战争中“捐赠的药品和财物为华侨之最”，全面阐述胡文虎功绩。项南把这篇文章压缩到600来个字在《人民日报》（海外版）发表。厦门鹭江出版社社长游斌得到这份报纸拍案叫绝：“有了这张报纸，《胡文虎》我出定了！”

《胡文虎》一书的出版，是项南一着妙棋。《人民日报》（海外版）、香港《文汇报》、《福建日报》和数十家海内外报刊竞相连载，推动了对胡文虎的政策落实，不久胡文虎获得平反。省政府归还了胡文虎在福州和厦门等地的房产。胡文虎之女胡仙应邀访问北京，受到江泽民等中央领导的亲切接见，在海内外传为佳话。

◆1994年，项南在福建永定会见胡文虎先生的长女胡仙博士。

智修妈祖祖庙

全世界有妈祖庙近5000座，台湾就有800多座。湄洲岛妈祖祖庙是维系海峡两岸同胞神缘的平台。然而，在“文革”中遭受浩劫的湄洲岛妈祖祖庙只剩下断壁残垣。1982年老百姓自发动工重修妈祖庙，军方有人举出红牌：“湄洲岛为沿海最前线，谁到岛上去碰一下妈祖，我马上就把妈祖庙拆掉。”

几天后，一份来自莆田市政协“不能拆妈祖庙”的报告搁在项南案头上。“暂缓拆庙”，项南的四字指示很快传下来，莆田百姓奔走相告。

1983年3月23日，妈祖生日，《参考消息》上登载了一篇文章：《台胞八万信众登湄洲岛谒拜妈祖》。项南把《参考消息》递给此时在闽视察的中央军委副主席杨尚昆，并把情况做了汇报：“莆田湄洲岛的妈祖祖庙，现在要重修新建，可以不可以？”“这是好事呀！建！”杨尚昆

◆1986年2月，项南（左五）陪同杨尚昆（左六）接见解放军驻闽部队领导。

当即拍板。

智慧的项南借船出海，解决了重修湄洲岛妈祖祖庙的难题。

消息传开，八闽同喜。不仅沿海民众兴高采烈，山区百姓亦兴奋异常。民间信仰，在农村是很普遍的文化活动。人们需要怎样的护佑，就会设置怎样的神明。他们因陋就简兴建的庙宇，如果都像“文革”中那样，当作“四旧”（旧风俗、旧习惯、旧文化、旧思想）加以“横扫”，那是很不得人心的。而妈祖历史上就受到海峡两岸人民的尊崇，视为保护神和平安的化身，大批善男信女，世世代代前往湄洲岛，谒拜妈祖祖庙。如果连这点“信仰自由”都不给两岸百姓，那将产生什么样的影响呢？

深得民心的项公，在莆田市政协报告上批示“暂缓拆庙”是明智之举；而他“借船出海”，智修妈祖祖庙，更值得大书一笔。各地妈祖信众，闻风而动，良好的民间信仰得以延续。地处闽西南心腹之地的漳平县永福重镇民众，闻讯连夜策划，重修永福妈祖庙，香火重烧，万民同乐！

来悄悄走悄悄

1981年1月14日清早，项南走马上任，从北京坐火车到达福州。他事先不吭声，并让他的秘书何椿霖给省委办公厅打电话："项南同志因为有事，稍晚动身，秘书则按原定日期抵达。"于是，到福州火车站迎接的只有接待处处长一人。

早7时半，45次特快列车进站。首先下车的秘书对接待处长说："项南同志也来了。"这是项南同志为避热闹的欢迎场面，临行前略施小计。接待处处长感到迎接的规格太寒酸了，想给省委秘书长打电话。项南当场阻止："不必惊动其他同志，我们现在就走。"接待处处长望着这位光头圆脑的长者，心中肃然起敬……

时间过得很快，1986年6月2日，在福建工作了五年的项南，乘坐46次列车返京。列车启动前，几位帮项南搬家的省委办公厅工作人员提前将家具、编织袋、装书籍的纸箱等行李堆在站台指定的位置，等列车进站搬上车厢。

这时，一位检车工拿着小榔头慢悠悠地走过来，他若有所思地看着地上堆放的十多个电视机纸箱和其他一大堆待运行李。从表情上看，他显然已经从行李员那里听说了省委原书记项南搬家的事。在转身离开之际，像是自言自语又仿佛是说给旁人听似的甩出一句怪里怪气的话：“这就是两袖清风啊……”

这位检车工哪里知道，这十几个电视机纸箱里装的不是彩电，全是项南的宝贝——沉甸甸的书籍。他更不会知道，堂堂的省委书记家里只有一台彩电，而且是自己花钱买的。由于项南和汪志馨平时节俭惯了，家里一些使用多年的旧家具和坛坛罐罐舍不得扔掉，托运的行李自然就多了起来。在场的省委办公厅过英群处长，五年前曾到车站迎接项南，心里最有数。

五年前，一身布衣地悄悄来；五年后，两袖清风地悄悄走。

这就是项南同志的风度，我们尊敬的项公！

鞭炮喜迎“项公”

项南在卸任福建省委书记前的最后一次常委会上表示：“从此与福建一刀两断，五年之内不会再回福建”，以表达他对新任领导的支持，不干预新一届领导的思路和工作方针。

1991年5月6日，适逢厦门举行纪念陈嘉庚的活动。项南顺道搭面包车前往阔别五年的晋江，看到街道繁华、厂房林立，经济发展很快，跃升全国百强县（市）前列，心中百感交集。

令项南没想到的是车刚驶进陈埭镇，街道两旁忽然鞭炮声大作，“噼噼啪啪……”震天动地。

原来，项南回陈埭镇的消息不胫而走，老百姓奔走相告，不约而同地在屋檐、窗台、电线杆上挂满了鞭炮。他们以这样的方式来欢迎他们敬爱的老书记。万炮齐发，落英缤纷，一会儿工夫，地上就铺满了厚厚一层金红色的纸屑。

此刻，一贯宠辱不惊的项南眼含泪水。他坚持不再往下走，他不想让老百姓这样的举动，造成误会或是不好的解读。他有千言万语想说，但是他忍住了，挥了挥手和群众告别，走了。

当天，项南在日记里写道："狂风恶浪摧不倒，陈埭之花永不凋。"

项南以极大的兴趣考察闽南的乡镇企业。这是他当年全身心维护的"一枝花"。他发现，许多乡镇企业与外资企业"嫁接"、"通婚"，是经济发展的新鲜事物。他在日记中写道："这是很值得普遍推广的经验。"

乡镇企业在闽南如雨后春笋般发展，是个可喜现象。但项南透过现象看本质，十分关心乡镇企业的产品销路和经济效益。令他感到满意的是，这些企业以市场为导向，具有灵活的机制，产品适销对路。项南称赞他们是市场经济的先行者和改革者。

项南对陈埭镇的乡镇企业情有独钟，他白天认真考察，夜晚在日记上写道："陈埭镇工农业产值达到2亿多元，税利达2000多万元。他们不愧是'福建一枝花'。这枝被歪曲了的鲜花，今天开得更鲜艳了。"

◆对乡镇企业情有独钟

农机化做贡献

来自闽西农村的项南，深知农民整日弯腰劳作的艰辛。1962年夏，项南调任八机部农机局局长后，对农业机械问题产生了浓厚的兴趣。他在借鉴国外农机化经验和深入调查研究的基础上，对我国农业机械化问题作了系统的论述。1962年9月下旬，在党的八届十中全会上，项南根据会议精神，联系实际，撰写《农业机械化的若干问题》，对农机化作了深层次的思考，并在《人民日报》、《中国农业机械》等报刊发表文章，受到有关中央领导的重视。

1963年到1964年间，项南用五个月时间，深入中南、华北和东北农村，对九个省市区的农业机械化问题进行实地考察。他还下功夫，对广东省南海县、湖北省新洲县、辽宁省阜新县的农业机械化先进典型经验进行总结。返回北京后，项南将调研中掌握的第一手材料加以整理和提炼，写成上万字的考察报告。周总理读完这篇报告曾对项南提出

◆1962年与农业机械部部长陈正人合影

的观点表示赞许。

项南在报告中，对于中国农业机械化道路怎么走法作了探讨，提出可行性的建议。他认为，中国不像苏联、美国有大片荒地可以开发，也不能实行粗放经营。中国没有英国、西德那样高的工业水平，很难使用大量的化肥和机械。他感到日本的经验，看来与我国比较接近的只有长江、珠江三角洲等滨湖地区。就整体而言，世界上没有一个国家的经验适用于我国。因此，项南建议，我们在吸取国外有用经验的同时，必须走出一条自己的农业机械化的路子。项南这一系列意见和主张，显示他的钻研精神和洞察力，经实践证明很有创造性，为中国农业机械化做出了贡献。

杜鹃泣血绝唱

1997年12月13日，列席中共十五大代表的项南，在老同志集中的第四小组上发言，提出了国家长治久安的十条意见。其中第五条："要继续推动政治体制改革，强调扩大社会主义民主，健全社会主义法制……反腐败。"

项南一生清廉如水，严于律己，没有为六个子女中的任何一位谋过一官半职。

福州市委常委会曾研究决定项南的儿子项小白到长乐县委任副书记。第二天，项南得知此事后，立刻找来当时的福州市委书记袁启彤，严肃地说道："你们不能这么安排，我的儿子不能胜任这个工作。"并连夜让组织部把任命书撤回来。

项南继续发言："当前反腐斗争，有两种倾向值得注意，一是不能反下不反上。二是改头换面搞特权。自己不出面，叫儿女亲属炒股票，做房地产生意。他们利用父母的

◆1997年，项南为列席中共十五大起草小组会“发言提纲”。

特权，一夜之间可以获取多少千万，多少亿的暴利。”

最后，项南引用杜牧的话：“灭六国者，六国也，非秦也；族秦者，秦也，非天下也。”

项南用最后的气力，对反腐败发出字字如杜鹃啼血绝唱，在会场内外，引发强烈反响。项南亦戏称自己的“发言提纲”是：“我的政治遗嘱。”

同组的李锐、任仲夷、于光远、杜润生等与项南同住皇城宾馆，他们对项南的发言给予很高评价。李锐在“十五大”的发言中说：“项南同志的发言，说得多么好，多么中听啊！这是我们尊敬的同志和朋友项南留在这个多灾多难而又充满希望的世界的最后声音，也可以说是他的‘政治遗嘱’啊！”

创新干部交流

项南担任中国扶贫基金会会长后，在筹款的同时另辟蹊径，推动扶贫工作。他在长期的工作实践中认识到，贫困地区脱贫致富，人的因素十分关键，特别是基层干部的思想观念、文化素质和工作作风，直接关系到事业成败。他说，如果没有一批高素质的干部，就是有了大笔款项，扶贫工作也难见成效。

经过深思熟虑，他提出贫富地区干部进行双向交流，创新干部轮换机制，得到各级党委组织部门的大力支持。

基金会成立之初，项南做了一件很有影响的事，就是组织江苏和陕西两地干部交流。实践证明，苏陕两省干部交流，有力推动和促进扶贫工作的开展，大见成效，成为全国扶贫工作的先进典型。项南这一创新干部交流的新经验，受到中央组织部和国务院扶贫领导小组的重视，在全国加以推广。当时，全国有29个省（区），参与交流的干部1

万多名，为扶贫工作带来了新的突破和飞跃。这项工作被国家领导同志誉为“扶贫工作的一项创举”。

这一颇有新意的干部交流工作，在一年之后举行的“全国经济较发达地区和贫困地区干部交流座谈会”上，受到与会者积极评价。项南在座谈会上，以《东西互动，共同发展》为题，总结了这项干部交流的创新经验。他提出，这种对口的双向交流和支持，应当是平等的、互惠的、双向的支持。这样的支持才有生命力，才能长期交流合作，有利于扶贫工作的开展。

◆中国扶贫基金会会长项南在江苏和陕西两地交流干部培训班开学典礼上讲话。

勇于坚持真理

纵观项南一生，由于敢于说出真话，两次被划为“右倾”，中箭落马，受到两次处理，下放农村工作，后均得到平反，但他“好了伤疤忘了疼”，爽直性格不改，一生敢说真话，勇于坚持真理，在党内外享有崇高威望。

1954年时任团中央宣传部部长的项南，在书记处会议上发表《十点意见》，真知灼见，受到书记处各位书记的高度评价。但两年后，这《十点意见》，被“秋后算账”，引来轩然大波，戴上“向党要人权、财权、发言权和活动权，提倡民主化、群众化和自由化”的右倾帽子，受到撤销党内外一切职务，行政降两级，留党察看两年，通报全国的严重处分。

随后，项南含冤衔辱下放到京郊农村劳动，一去十年。这之后他调农机局，为中国实现农业机械化而耗尽心血。但不久，在全民大动乱的“文革”中，项南再度被轮番

◆勇于坚持真理

批斗和关押，又一次成为“右倾”和“反党分子”。沉重的打击，坎坷的命运，更磨砺了他的思想，使他的人品“更上一层楼”。

主政福建后，使项南又一次蒙冤受害的，是所谓“晋江假药案”的闹剧。其实既非晋江，也没什么假药，查无实据，事出有因。当时，晋江县陈埭镇农民专业户，把白木耳和白糖制成的冲剂当成“感冒咳嗽冲剂”销售。福建省委、省政府首先发现并制止这一违法行动。项南严令查处，停止生产，销毁成品。他带头检查，承担责任，强调“除虫护花”。但这种勇于负责的做法，却被批为“态度不好”、“对抗上级”，最终受到“警告处分”。但项南不认错，也无错可认，到死也未在处理决定上签字。

堪称一介不取

项南任职期间严于自律，两袖清风，一生廉洁，堪称一介不取，官场楷模。

项南下乡调研，最反对警车开道，小汽车前呼后拥。他说，这样“钦差大臣”式的下乡，既妨碍深入调研，又脱离群众，令人望而生畏。每次下乡，他总是轻车简从，大家挤在中巴车上，直奔调研目的地，不搞繁文缛节。他抓紧时间，把当地负责人请上车，在车上边走边聊，听取汇报，研究工作，布置任务。甚至有关文件和新闻报道，也是项南在车上口授，你一言，我一语形成的。这种工作作风和效率，大家形容为延安精神的再现。

在衣着、饮食上，项南反对奢靡，崇尚简朴。除了会见外宾等正式场合，他按规定穿着外，平日开大会作报告或会见海外企业家和专家学者，他总是一身布衣，一双布鞋，给人以强烈的平易近人而又清新亲切的印象。

◆两袖清风　一生清廉

项南反对豪宴，提倡小吃，并多次著文阐述这一观点。他下乡调研考察，嘱身边工作人员先给当地打招呼，说清交多少钱伙食费，按费办饭菜，严禁超标和随意加菜。他喜欢吃牛肉，有一次，当地招待所为他多煮一碗牛肉汤。他发现超标，即叫把多送的牛肉汤退回。在武夷山会见港澳记者，他未带工作人员，只身到职工食堂用餐，只吃两个花卷、一盘小菜和一碗清汤。

项南拒收礼品、红包。有几次视察服装厂和瓜果园，主人送高档服装和新鲜瓜果，他如数退回，婉言谢绝。他的书法极佳，有人求字，送来“润笔费”，但他拒收，给人们留下光洁照人的形象。

做好团的工作

每个人都有自己的青年时代。项南的青年时代，恰逢是胡耀邦任团中央第一书记，为使领导层增添新鲜血液，项南从原华东局调任团中央宣传部部长。他到任后积极热情做好团的工作。

善于根据新情况研究和解决实际问题，是项南的一大长处。他认为："青年团的工作一定要适应新形势的发展。"项南习惯于亲自动手写文章，不仅为报刊写稿、起草报告，还撰写论文如《关于青年特点和思想工作中的几个问题》。为了宣传团章，他组织干部撰写《共青团章程讲话》，自己先写第一讲《共青团的性质和任务》。他写的文章和讲稿，都有一个特点，即文字生动，循循善诱，深入浅出地讲理论，具有很强的说服力和感染力。他认为，要当好团的宣传部部长，不仅要抓紧时间学习理论，还要有渊博的知识，博览群书，特别是要多读世界文学名著。

他对年轻的团干部说，不广泛阅读，就无法更有效地搞好宣传工作。

1956年9月，党的八大在北京隆重召开，项南当选八大代表出席了这一具有历史意义的会议。他觉得八大拓宽了思路，对青年团的工作具有积极的指导意义。他把宣传、学习和贯彻八大精神，作为团的宣传部的重要任务。此时，团的三大即将召开，胡耀邦希望大家根据八大精神，联系团的工作实际，提出改进意见，使团组织更好发挥作用。富有创新精神的项南，在筹备团的三大工作中，深入调查研究，提出了不少有独创性的意见，受到胡耀邦的赞赏。

◆1957年，时任团中央书记处书记兼团中央宣传部部长项南在宣讲《共青团章程》

倾注最后心血

项南对贫困地区富有深厚的感情，在福建主政期间，他大部分时间总是往贫困乡镇跑，为脱贫致富做了大量工作。1988年10月，他调离福建后，受聘首任“中国扶贫基金会”会长。全国政协主席李先念出任基金会名誉会长。

基金会的宗旨是：广泛争取国内外各方面力量支持中国贫困地区的发展，接受有益于中国贫困地区发展的各方面援助。中国扶贫基金会并非严格意义上的基金会，因为它没有基金，因此，筹款是基金会成立之后的首要任务。

从20世纪80年代末到90年代初，扶贫基金会的筹款工作困难重重。项南与基金会的同志们绞尽脑汁，利用一切关系向海内外筹集扶贫基金。不少企业家很热心，一家就拿出几百万元支持扶贫事业。项南率领基金会同仁，坚持在自愿和不摊派的原则下，不断增强基金会的实力。

项南在首任扶贫基金会会长期间，不辞劳苦，先后深入冀、晋、豫、陕、甘、宁、闽、赣、辽、黑等十几个省山区调研考察，过细地做好扶贫工作。他曾与另一位副会长微服出访，坐硬席火车由伏牛山到秦巴山区。他不顾年迈有病，西出陕北，穿越沙漠，横跨晋西，在许多贫困山区，留下了他的足迹。陕西榆林地区开辟改沙地造水田的巨大工程，在最初酝酿和筹措时，他都去考察过。为了老少边远地区的发展，项南倾注了他最后的心血。

◆项南看望贫困地区儿童。

浩气长存人间

项南故事千篇万篇，但最为感人的是最后一篇。他一生廉洁奉公，光明磊落，大公无私，一世都在为人民服务中。临终前一刻，项南携夫人汪志馨傍晚赶到北京王府井饭店“移尊就教”，看望由香港飞来首都公干的金融家吕培基，探讨如何把国际市场庞大的游资导向中国大陆投资建设，借助金融手段扶助贫困地区百姓脱贫致富。项南不知道自己生命已进入最后“倒计时”。劳累一天，入夜8时，他与夫人又风尘仆仆赶到中国大饭店看望由印尼飞抵北京的年轻华商李川羽。李的父亲是项南挚友、印尼著名侨领李尚大，经济实力雄厚，在中国大陆有大手笔投资。项南对李家爱国爱乡、斥资数千万元扶贫、支持家乡发展教育事业表示敬意……

项南坐在沙发上交谈，气氛融洽。但一个多小时后，项南心脏病突发，没来得及留下一句遗言，骤然与

◆1994年，项南与夫人汪志馨在家乡竹林。

世长辞……

项南逝世噩耗，传遍海内外，许多人难以置信。待消息得到证实，人们无不感到万分悲痛。从黑夜到白天，川流不息的吊唁者纷至而来。项南的子女们惊诧地发现，有太多太多的吊唁者他们都素未谋面：原来父亲并不清贫，竟然有这么众多的朋友，是人世间友情的富翁啊！

金碑，银碑，不如人民的口碑。天南海北，人们都以各种方式纪念、缅怀项公。青山虽无语，历史最有情。在闽西河田山上，项南当年治理水土流失而营造的翠绿丛林中，百姓自发修建“项公亭”，立起汉白玉的项南雕像。冠豸山下，广大乡亲自发兴建“项南纪念馆”。一年四季，不论春夏秋冬，人们来自四面八方，络绎不绝，向遗泽后世、永垂青史的项公致敬，有的还烧上一把怀念的香火。在深入开展党的群众路线教育实践活动中，一批又一批的党员和干部，不远千里，来到“项公亭”和“纪念馆”学习取经，贴近群众，解决问题，为民谋利，为改革和发展注入更大动力。这正是：项公重于泰山，浩气长存人间！

后 记

早在20世纪80年代初，项南同志主政福建，深入闽西调研，我们有幸随行采访，参与有关汇报会和座谈会。在他福建任内和离任返京后，我们又有多次见面交谈。聆听他娓娓道来，而又动人心弦的讲话，实在是一种艺术享受。

纵观历史，显赫一时的帝王、国戚、宰相、大臣、诸侯，多如牛毛，但“大江东去，浪淘尽，千古风流人物”，大多都被后世忘得一干二净。只有为数不多的积德善事者，诚如司马迁赞赏的“非常之人”，方能遗泽后世、永垂青史。而我们的项公，就是这种声名历久弥坚的“非常之人”。

青山无语，历史有情。在项公辞世后，人民对他的深切怀念，耸立在山海之巅，传扬在城里乡间。在泉州黎明大学校园，拔地而起纪念项公的“项南大楼”；在闽西崇山峻岭，项公治理水土流失的长汀县河田镇绿林丛中，百姓自发兴建“项公亭”，立起汉白玉的项公雕像；在冠豸山间，广大乡亲挑土垒石，修建简朴的“项南纪念馆”，展出这位流芳千古清官的历史功绩。历史学家和社会学家们饶有兴趣的是，年年月月，春夏秋冬，前来向项公亭、雕像前和纪念馆献花、致敬的人流，络绎不绝，有的还烧上虔诚的追思的香火。专家学者们扪心发问，当代官员入土后，享受民间敬香待遇的能有几位？这的确是天地间最高的荣誉奖项啊！

什么叫经典？对于怀念项南的人们来说，项南就是经典。常言道，金碑，银碑，不如百姓的口碑。在项公逝世后，民间流传太多的真实故事，热情讴歌这位人民公仆忠于祖国、忠于人民、忠于党的事业的卓著功勋；生动再现这位千秋名臣功高无私、一身正气、两袖清风、殚精竭虑为民深谋远虑的治闽史绩。我们长年忠实记录，伏案勤奋笔耕，以项公精神撰写项公传记，让这位“非常之人”的光辉形象，世代流芳，永远铭刻在世人心中。

承蒙中共党史出版社、福建省龙岩、漳州、三明市铁路建设办公室、中共连城县委党史研究室，以及项小米、杨志栓、夏蒙等同志为本书编写出版给予大力支持，本书图片主要由项南同志亲属以及中国扶贫基金会、新华社、中新社、福建日报社、福建画报社等提供，在此向上述单位和作者表示衷心感谢！

张永和　项建坤

2008年8月草于连城冠豸山

2014年7月改于龙岩龙津河畔